José Luis Masud Yunes-Zárraga

Confiando en Dios

José Luis Masud Yunes-Zárraga

Confiando en Dios

De la duda a la fe

CREDO EDICIÓNES

Imprint

Any brand names and product names mentioned in this book are subject to trademark, brand or patent protection and are trademarks or registered trademarks of their respective holders. The use of brand names, product names, common names, trade names, product descriptions etc. even without a particular marking in this work is in no way to be construed to mean that such names may be regarded as unrestricted in respect of trademark and brand protection legislation and could thus be used by anyone.

Cover image: www.ingimage.com

Publisher:
CREDO EDICIONES
is a trademark of
Dodo Books Indian Ocean Ltd. and OmniScriptum S.R.L publishing group

120 High Road, East Finchley, London, N2 9ED, United Kingdom
Str. Armeneasca 28/1, office 1, Chisinau MD-2012, Republic of Moldova, Europe
Printed at: see last page
ISBN: 978-613-6-27236-8

Prefacio

El pequeño librito que tienes en tus manos es una invitación a pausar el acelerado ritmo de vida que solemos llevar. Es una invitación a que te tomes unos minutos para considerar diversos aspectos de la vida que, a menudo dejamos de lado y que, eventualmente encuentran espacio en nuestra mente cuando asistimos a un funeral.

No tiene porqué ser complicado ni fastidioso pensar en asuntos profundos de la vida, de tu propia vida. Así, con un lenguaje sencillo y en unos cuántos capítulos muy cortos tendrás oportunidad de hacer un replanteamiento sobre la manera en que estás viviendo. Por otra parte, aunque no pretende ser un libro religioso, te acercará al Dios de la Vida. Tal vez no le conoces lo suficiente o no le conoces en lo absoluto. En unas cuantas páginas te encontrarás con declaraciones que Dios hace de sí mismo para darse a conocer.

También te llevará de la mano a iniciar una secuencia de oración con el Dios viviente a través de Su Palabra, a una experiencia que podrías no haber imaginado nunca. Finalmente, la lectura cambiará tu concepto acerca de Dios y te enseñará a comunicarte con Él de manera un tanto sorprendente. Tu vida podría verse afectada positivamente y quizá transformada para bien.

Índice

Introducción

Todos hemos experimentado al menos en parte, los sinsabores del mundo. A través de los años hemos visto desaparecer valores que en su momento fueron incuestionables: el valor de la vida; perder el producto de un embarazo era pérdida grave y sentida con dolor en el corazón. Ahora se desea abortar. Tener hijos ya no es prioridad ni anhelo en parejas jóvenes que se unen sin compromiso, con el único fin de disfrutar la vida a placer, sin cargas estorbosas.

El valor del respeto, simplemente porque el respeto era un verdadero valor, el respeto a la autoridad, a los maestros, a los padres, a las personas mayores…

Hemos visto desmoronarse el valor del amor, del amor por lo hijos; ya no se desean. Ahora contaminados por el ambiente, a menudo los hijos son rebeldes a sus padres, desobedientes y hasta groseros. Nos ha alcanzado una nueva generación, la de cristal, con la cual apenas es posible hablar; exige tal delicadeza de trato que se ofende ante casi cualquier palabra o gesto; todo le causa enfado, incomodidad o irritación. A cambio, nos ofrece egoísmo, exigencias y ninguna disposición para ayudar en casi cualquier cosa.

Y que decir de los vicios y adicciones, que se han incrementado como nunca y son ahora más difíciles de tratar, son esclavizantes y letales; acaban con la vida de jóvenes en frecuencia ascendente. La depresión, las neurosis, la ansiedad y otras muchas enfermedades y desajustes mentales se expanden como plagas que incrementan a niveles alarmantes las cifras de suicidios en todas las edades y grupos sociales.

La violencia, corrupción, impunidad, maldad, la avaricia desmedida, el abuso de la autoridad, la injusticia social, rondan por doquier sin visos de erradicación. Ni qué decir de las libertades que exigen ciertas denominadas minorías. Algunas rayan en aberraciones tales, que cualquiera con sentido común las hubiera sentenciado, pero ese sentido, no existe más en nuestra sociedad.

Con todo, en medio de las densas tinieblas aún brilla la esperanza, la Luz de Dios que conduce a la VIDA. Tú puedes experimentar esa Luz en tu vida. Te animo: Lee estas cuantas líneas, conoce un poco más a Dios y de paso, aprende a orar con la Palabra de Dios: La Palabra viviente.

1

La vida

La vida es lo único que en realidad poseemos. Puede considerarse corta o larga, puede considerarse intensa o aburrida, puede considerarse alegre o triste; todo depende de la experiencia personal, del temperamento y de las aspiraciones de cada individuo. Algunos dirán que la actitud personal es lo que nos hace sentir felices o frustrados. Muchos pueden considerar que sus grandes o pequeños logros deportivos, académicos, económicos, sociales, etc. son determinantes para alcanzar satisfacción, mientras que otros no verán valor alguno en esos hechos. Habrá quien disfrute de la naturaleza o de la soledad y quienes se sientan mejor rodeados de otras personas. En todo caso, la vida sólo se puede vivir una vez. Lo único cierto, es que somos seres finitos, un día se nos agotará el tiempo y tendremos que despedirnos de la vida como la conocimos, experimentamos y vivimos.

La vida de todas las personas está compuesta de altibajos, nadie podría decir que la vida es totalmente mala, ni totalmente buena. Todos habremos de pasar por tiempos de alegría y de tristeza, de aflicción y de tranquilidad.

Hasta la persona más pobre puede regalar al menos una sonrisa, y la más autosuficiente puede necesitar algún tipo de ayuda. Así de rica es la vida.

El punto es: ¿Qué esperamos de la vida?, ¿podemos hacernos cargo de nosotros mismos? ¿Necesitaremos algo más de lo que podemos obtener de la vida por esfuerzo propio? ¿Y, qué de ti? ¿Estás satisfecho con tu vida?

Antes de responder que sí, te invito a continuar la lectura, contiene algunas consideraciones que quizá no te has planteado. Y quizá, encuentres algo que, en verdad, necesitas cambiar

2

Asuntos inmutables

Existen algunos asuntos en tu vida que no puedes revertir; simplemente están ahí, han ocurrido u ocurrirán; no hay escapatoria a ninguno de ellos.

El primero: Dios te dio la vida. Estés de acuerdo o lo niegues; lo agradezcas o le reproches, la desperdicies o la aproveches, Dios te dio la vida. Él es tu hacedor y tu dueño y Él estará indefectiblemente presente durante todo tu andar por esta tierra, te guste o no, lo percibas o lo niegues, lo disfrutes o lo detestes. De cualquier modo, Él siempre estará; es el Dios Eterno.

Segundo: Dios te concedió dones y talentos naturales con los cuales te puedes expresar. Con ellos puedes competir, ganar, crear, servir, disfrutar o desperdiciar. Puedes hacer con ellos lo que desees; los puedes usar para bien o para mal, pero no los puedes arrancar de tu vida, incluso si decides no habilitarlos ni practicarlos, ahí están, dentro de ti, para tu deleite y beneficio; y si eres generoso, para beneficio de tu prójimo. En todo caso, te fueron dados para expresar la gloria de Dios. Él es Dios Soberano.

Tercero: Dios te equipó con diversos sentidos físicos para que puedas disfrutar de los bellos aromas de la naturaleza, para que puedas deleitarte de los multicolores de la vida en la tierra, para ver y apreciar las maravillas de la creación, para escuchar el canto de las aves, el murmullo de las noches, la música, las voces de los seres amados y también de quienes no te agradan.

Puedes degustar la gran variedad de sabores y sentir las innumerables consistencias de las cosas. Percibir el dolor, el calor, el frío, lo áspero y lo terso, etcétera. Puedes percibir tu cuerpo y sentir dentro de ti multitud de emociones y afectos. Fuiste creado con la capacidad de amar y sentir el amor de otros. Todo esto, enriquece tu vida.

Puedes agradecerlo a Dios, o no agradecerlo. Puedes sentir que lo mereces o reclamar por las insuficiencias que percibes. Lo cierto es que todo esto que tienes, son regalos, dones de un Dios bueno, creativo y generoso; y al final de tu vida, inexorablemente, tendrás que darle cuentas a Él.

3

Creador bueno y juez justo

Dios no sólo te concedió la vida, sino que te diseñó eligiendo cada elemento que te constituye como un individuo único y especial, de tal modo, que te conoce íntimamente y te sigue y acompaña cada día de tu vida. El salmo 139 lo describe así, veamos algunos fragmentos.

«Oh Señor, Tú creaste las delicadas partes internas de mi cuerpo y me entretejiste en el vientre de mi madre. ¡Gracias por hacerme tan maravillosamente complejo! Tu fino trabajo es maravilloso, lo sé muy bien. Tú me observabas mientras iba cobrando forma en secreto, mientras se entretejían mis partes en la oscuridad de la matriz. Me viste antes de que naciera. Cada día de mi vida estaba registrado en tu libro. Cada momento fue diseñado antes de que un solo día pasara». Salmo 139 DHH fragmentos

Somos seres complejos, creados a la imagen de Dios, quien nos ha dado múltiples capacidades y también responsabilidades. De hecho, nos hace responsables de cada pensamiento e intención del corazón, de cada palabra que pronuncia nuestra boca y de cada acción que llevamos a cabo.

Por todo ello, al terminar nuestro andar terrenal, ese Dios bondadoso, creador y dueño de tu vida, te pedirá cuentas. Actuando como un Juez verdaderamente justo, retribuirá con justicia eterna a cada persona según su desempeño en la tierra. En este tribunal, no habrá manera de apelar.

«Y vi un gran trono blanco y al que estaba sentado en él. Vi a los muertos, tanto grandes como pequeños, de pie delante del trono de Dios. Los libros fueron abiertos, entre ellos el libro de la vida. A los muertos se les juzgó de acuerdo con las cosas que habían hecho, según lo que estaba escrito en los libros.... y todos fueron juzgados según lo que habían hecho. Entonces la muerte y la tumba fueron lanzadas al lago de fuego. Este lago de fuego es la segunda muerte. Y todo el que no tenía su nombre registrado en el libro de la vida fue lanzado al lago de fuego». Apocalipsis 20:11-15DHH

4

Enfrentas un caso penal

Ninguna persona estaría tranquila cuando la cita un juzgado, por estar involucrada en un caso penal. Eso quita la paz, preocupa, inquieta, es amenazante y perturbador. Te preguntarás: ¿Y a mi qué?, ¿de qué se me acusa?; resulta que estás involucrado en graves delitos colectivos.

Escucha los cargos: *«¡No hay ni uno solo que sea justo! No hay quien tenga entendimiento; no hay quien busque a Dios. Todos se han ido por mal camino; todos por igual se han pervertido. ¡No hay quien haga lo bueno! ¡No hay ni siquiera uno! Su garganta es un sepulcro abierto, su lengua es mentirosa, sus labios esconden veneno de víbora y su boca está llena de maldición y amargura. Sus pies corren ágiles a derramar sangre; destrucción y miseria hay en sus caminos, y no conocen el camino de la paz. Jamás tienen presente que hay que temer a Dios.»* Romanos 3: 10-18 DHH

Apelarás: Pero, yo no he matado a nadie, además, sí creo en Dios. Y no soy dado a criticar ni hablar mal de nadie. Más aún, siempre busco hacer cosas buenas y productivas y no le deseo mal a ninguna persona. Soy generoso y sirvo a los demás con mi trabajo y buenas acciones. Cierto, no soy perfecto, pero...

La Escritura continúa: *...Todo lo que dice el libro de la ley de Dios, lo dice para que todos callen y el mundo entero caiga bajo el juicio de Dios; porque nadie podrá decir que ha cumplido la ley y que Dios debe reconocerlo como justo;*

La ley de Dios sirve para hacernos saber que somos pecadores. *Y no hay diferencia: todos han pecado y están lejos de la presencia gloriosa de Dios.* Romanos 3: 19, 20, 23 DHH

Además: *«Nada hay tan engañoso y perverso como el corazón humano. ¿Quién es capaz de comprenderlo? Yo, el Señor, que investigo el corazón y conozco a fondo los sentimientos; que doy a cada cual lo que se merece, de acuerdo con sus acciones.»*

¡Qué catástrofe! El veredicto de La Palabra Eterna es: **culpable.** ¿Y ahora qué sigue?, ¿qué procede? Quizá no lo quieras, quizá lo rechaces o lo niegues, pero… necesitas un buen abogado.

«Hijitos míos, estas cosas os escribo para que no pequéis; y si alguno hubiere pecado, abogado tenemos para con el Padre, a Jesucristo el justo. Y él es la propiciación por nuestros pecados; y no solamente por los nuestros, sino también por los de todo el mundo.» 2 Juan 2: 1-2

5

Buenas noticias

¡Y tú sin estar consciente de tal situación! ¡Qué terrible! Sabes que las sentencias deben cumplirse, y siempre les llega su tiempo. De Dios nadie se escapa. Puedes enfadarte y negarlo rotundamente, puedes ignorar la situación y puedes desentenderte y decir que es mentira o mitos religiosos; pero en el fondo de tu corazón lo sabes…

¡Qué zozobra!, ¿cómo vivir con la sensación de culpabilidad? Un día lo tienes que enfrentar.

Hay buenas noticias. Jesús es el abogado perfecto. 2 Juan 2: 1-2

Jesús de Nazaret, vino a dar libertad a los cautivos y volver la vista a los ciegos. *Jesús, lleno del poder del Espíritu Santo, entró en la sinagoga, como era su costumbre, y se puso de pie para leer las Escrituras.* Le dieron a leer el libro del profeta Isaías, y al abrirlo encontró el lugar donde estaba escrito: *«El Espíritu del Señor está sobre mí, porque me ha consagrado para llevar la buena noticia a los pobres; me ha enviado a anunciar libertad a los presos y dar vista a los ciegos; a poner en libertad a los oprimidos; a anunciar el año favorable del Señor.»*

Luego Jesús cerró el libro, y comenzó a hablar, diciendo *«—Hoy mismo se ha cumplido la Escritura que ustedes acaban de oír».* Lucas 4:14-21 DHH fragmentos

Juan el bautista vio a Jesús, que se acercaba a él, y dijo: *«¡Miren, ese es el Cordero de Dios, que quita el pecado del mundo!».* Juan 1:29 Jesús es Dios, Él hace justo al pecador arrepentido, perdona sus pecados y redime su vida.

«Feliz el hombre a quien sus culpas y pecados le han sido perdonados por completo. Feliz es el hombre a quien el Señor no acusa de falta alguna. Mientras no confesé mi pecado, mi cuerpo iba decayendo por mi gemir de todo el día, pues de día y de noche tu mano pesaba sobre mí. Como flor marchita por el calor del verano, así me sentía decaer. Pero te confesé sin reservas mi pecado y mi maldad; decidí confesarte mis pecados, y tú, Señor, los perdonaste». Salmo 32:1-5 DHH

6

Más sobre Jesús de Nazaret

Jesús es La Palabra de Dios, es el Cristo, el ungido, el mesías esperado; es Emanuel, Dios con nosotros, y te ofrece salvación eterna:

«En el principio ya existía la Palabra; y aquel que es la Palabra estaba con Dios y era Dios. Él estaba en el principio con Dios. Por medio de él, Dios hizo todas las cosas; nada de lo que existe fue hecho sin él. En él estaba la vida, y la vida era la luz de la humanidad». Juan 1:1-4 DHH

«Aquel que es la Palabra estaba en el mundo; y, aunque Dios hizo el mundo por medio de él, los que son del mundo no lo reconocieron. Vino a su propio mundo, pero los suyos no lo recibieron. Pero a quienes lo recibieron y creyeron en él, les concedió el privilegio de llegar a ser hijos de Dios. Y son hijos de Dios, no por la naturaleza ni los deseos humanos, sino porque Dios los ha engendrado. Aquel que es la Palabra se hizo hombre y vivió entre nosotros. Y hemos visto su gloria, la gloria que recibió del Padre, por ser su Hijo único, abundante en amor y verdad». Juan 1:10-14 DHH

No tomes rutas falsas. *«Hay camino que al hombre le parece derecho; Pero su fin es camino de muerte».* Proverbios 14:12 RV60. La paz no está en las religiones de oriente, tampoco en la contemplación de la naturaleza. La verdadera paz viene cuando te reconcilias con Dios y sabes que te perdona tus pecados. Sólo Jesús te ofrece descanso verdadero, *«Vengan a mí todos ustedes que están cansados de sus trabajos y cargas, y yo los haré descansar».* Mateo 11:28DHH

Jesús te ofrece el único camino de vida eterna, el camino que conduce a Dios, porque Él mismo es ese Camino: *«Jesús dijo: —Yo soy el camino, la verdad y la vida. Solamente por mí se puede llegar al Padre. Si ustedes me conocen a mí, también conocerán a mi Padre».* Juan 14:6-7DHH *No hay más que un Dios, y un solo hombre que sea el mediador entre Dios y los hombres: Cristo Jesús. Él dio su vida para comprarles la libertad a todos.* 1 Timoteo 5:2DHH

7

La gran diferencia

Considera esto, Mahoma no ofreció vida a sus seguidores, ofreció una religión.

Buda tampoco ofreció vida en su enseñanza, ofreció el ascetismo como el

camino de integración al cosmos. Sólo Jesús ofrece "Vida". Puedes entonces aceptar la Salvación y Vida eterna que sólo Jesús ofrece, aunque también puedes rechazarla. La decisión es tuya.

«El ladrón viene solamente para robar, matar y destruir; pero yo he venido para que tengan vida, y para que la tengan en abundancia». Juan 10:10RV60

Es por medio de la fe

Es por creer que Jesús es el Hijo de Dios, quien vino al mundo para traer salvación, que puedes ser salvo de la ira venidera. Es sólo por confiar en Jesús

como tu salvador, que Dios te llena de Su vida abundante.

«Dios amó tanto al mundo, que dio a su Hijo único, para que todo aquel que cree en él no muera, sino que tenga vida eterna.Porque Dios no envió a su Hijo al mundo para condenar al mundo, sino para salvarlo por medio de él».
Juan 3:16-17DHH
Como puedesnotar, la incredulidadesloque condena a la gente. Es la falta de confianza en Su Palabra y Su fidelidad lo que resulta imperdonable.

«El que cree en el Hijo de Dios, no está condenado; pero el que no cree, ya ha sido condenado por no creer en el Hijo único de Dios».
Juan 3:18DHH

Independientemente de tus buenas o malas experiencias, de tus logros y satisfacciones, de tus aflicciones, enfermedades, sufrimientos, alegrías,
carencias, problemas y frustraciones, lo único que hará la gran diferencia en tu vida, es conocer al Dios verdadero y a su Hijo Jesucristo. *«La vida eterna consiste en que te conozcan a ti, el único Dios verdadero, y a Jesucristo, a quien tú enviaste».* Juan 17:3DHH.

8

El estilo de vida humano

¡Son tantos los problemas! Todos pasamos por algunos de ellos en la vida. A menudo, los resolvemos echando mano de nuestros recursos personales; ponemos en ello toda nuestra energía, aunque en ocasiones, simplemente nos rendimos y los dejamos avanzar hasta que caen por su propio peso, y para colmo, caen de la peor manera. Raras veces nos los resuelven otras personas.

Dios tiene un plan elevado para nuestro paso por la tierra: *«Yo sé los planes que tengo para ustedes, planes para su bienestar y no para su mal, a fin de darles un futuro lleno de esperanza».* Jeremías 29:11DHH

Bien, y ¿cómo consigo alinearme con ese propósito de Dios para mi vida? Bueno, primero debes saber que esta profecía de Jeremías tuvo lugar cuando Israel fue desterrado de su tierra por apartarse neciamente del Dios Altísimo.

Del mismo modo, cuando nosotros pasamos por problemas, fracasos y aflicciones y nos preguntamos cómo o porqué llegaron a nuestras vidas, si somos honestos, descubriremos que la mayoría de ellos, los provocamos nosotros mismos por nuestra necedad.

Con muchísima frecuencia, dejamos de considerar a Dios y Sus caminos, para dejarnos llevar por nuestras emociones, deseos, placeres, caprichos, intereses y corazonadas.

Simplemente ignoramos lo que las Escrituras nos aconsejan: *«Confía de todo corazón en el Señor y no en tu propia inteligencia. Ten presente al Señor en todo lo que hagas, y él te llevará por el camino recto. No te creas demasiado sabio; honra al Señor y apártate del mal: ¡esa es la mejor medicina para fortalecer tu cuerpo! Honra al Señor con tus riquezas y con los primeros frutos de tus cosechas; así se llenarán a reventar tus graneros y tus depósitos de vino. No rechaces, hijo mío, la corrección del Señor, ni te disgustes por sus reprensiones; porque el Señor corrige a quien él ama, como un padre corrige a su hijo favorito».* Proverbios 3:5-12DHH

9

Una vida de confianza y bendición

Jesús declaró ser *el Camino, la Verdad y la Vida*. El camino que conduce al Padre, al verdadero conocimiento de Dios. Ahora, Jesús se revela como el Buen Pastor; Ese que cuida, guarda, protege, alimenta, sustenta, pastorea, nutre, y defiende a aquellos que han respondido a la voz de Su llamado.

Jesús dijo de sí mismo: *«Yo soy el buen pastor. El pastor llama a cada oveja por su nombre, y las ovejas reconocen su voz; camina delante de ellas, y las ovejas lo siguen porque reconocen su voz»*. Juan 10:3-4DHH fragmentos

Jesús se identificó también como la entrada: *«Yo soy la puerta: el que por mí entre, se salvará. Será como una oveja que entra y sale y encuentra pastos. El ladrón viene solamente para robar, matar y destruir; pero yo he venido para que tengan vida, y para que la tengan en abundancia. Yo soy el buen pastor. El buen pastor da su vida por las ovejas»*. Juan 10:9-11DHH

El salmo 23 es un poema y a la vez, una oración de fe que escribió el Rey David unos 1000 años antes de que Jesús naciera.

David mismo fue pastor de ovejas durante su juventud temprana; de esa experiencia tan vívida y por inspiración divina, elabora una metáfora; se ve a sí mismo como una oveja especial de Dios, al que considera su pastor.

«EL SEÑOR es mi pastor; nada me faltará. En lugares de delicados pastos me hará descansar; Junto a aguas de reposo me pastoreará. Confortará mi alma; Me guiará por sendas de justicia por amor de su nombre. Aunque ande en valle de sombra de muerte; No temeré mal alguno, porque tú estarás conmigo; Tu vara y tu cayado me infundirán aliento. Aderezas mesa delante de mí en presencia de mis angustiadores; Unges mi cabeza con aceite; mi copa está rebosando. Ciertamente el bien y la misericordia me seguirán todos los días de mi vida, Y en la casa del SEÑOR moraré por largos días». Salmo 23 RV60

10

¿Quién es Dios?

Si en verdad deseas disfrutar una vida rebosante de paz y gozo, necesitas conocer de verdad a Dios y mantener una relación con Él. Es de importancia primordial que leas la revelación que Dios hace de sí mismo. Es simple, ¿cómo conoces a una persona? Escuchándola, pasando tiempo con ella, viéndole actuar. Por ello leer lo que Él dice de sí mismo te asombrará, te cautivará, te quebrantará y te levantará. Necesitas conocer Su Palabra, la Biblia. ¿Deseas que Dios te hable?, léela en voz alta, para ti.

Los judíos evitan emplear el nombre de Dios: יהוה, porque lo consideran tan sagrado, que temen pronunciarlo en vano. **YHVH** o יהוה quizá se pronuncie YAHWEH, significa: El que existe, La existencia Eterna, el YO SOY; En su lugar, los judíos escriben: SEÑOR o Adonay. Otra forma de llamarlo es HASHEM, que significa "el Nombre". Independientemente de todo eso ¿qué implicaciones tiene decirle SEÑOR? Describe en una palabra muchísimos atributos, acciones y elementos de la esencia de Dios. Citaré sólo algunos para que medites en sus significados y lo que Dios representa.

Decir **El SEÑOR**, equivale a decir: **ELOHIM**–Poderoso creador; **ADONAI**–El Dios que gobierna; **YAHVEH-SHALOM**–El Señor es nuestra paz; **YAHVEH-JIREH**–El Señor es mi proveedor; **YAHVEH-ROHI**–El Señor es mi Pastor; **YAHVEH-TSIDKENU**–Dios nuestra justicia; **YAHVEH-NISSI**–Dios es nuestra bandera/victoria; **YAHVEH-RAPHA**–El Señor es mi sanador; **YAHVEH-SHAMMAH**–Dios está siempre presente; **TO-WB**–Dios es bueno; **ELOHÉ-MIRAKOV**–Él es Dios cercano; **YAHVEH-MEFALTI**–El Señor es mi fortaleza; **LEHEM**–Alimento/pan; **ELOHÉ JASEDI**–El Dios de misericordia; **EL AMUNÁ**–El Dios fiel; **EL-HAKABOD**–El Dios de gloria; **RUAH-HAKMAH**–Espíritu de sabiduría; **RUAH-UBINAH**–Espíritu de entendimiento; **RUAH-ESAH**–Espíritu de consejo; **RUAH-UGEBURAH**–Espíritu de poder; **ESH-OJLA**–Fuego consumidor; **EL-ROHI**–Dios que me ve; **ELOHIM-WAYYISMA**–Dios escucha; **ABBA**–Padre.

Nota: El uso de cada expresión varía según el contexto.

11

Interludio

Cuando asimilamos la idea de que Dios es nuestro pastor personal, ocurre un impacto espiritual y trascendente en nuestra forma de pensar; nos proporciona un enfoque renovado del valor que tienen todas las cosas. La lectura meditada del Salmo 23 y el entendimiento profundo de cada una de sus frases, abre nuestra mente a horizontes jamás explorados. Asimilar las frases del salmo y tomarlas para uno mismo, generan notas de confianza nunca percibidas; sus conceptos, agregan frescura y esperanza a nuestras vidas. Y, si a esto se añade: orar bajo inspiración del Espíritu Santo durante el proceso de lectura, se atiza un fuego espiritual que enciende otras porciones de las Escrituras, guardadas en memorias previas. El resultado por lo general es maravilloso. Sobreviene un cambio sustancial en la forma de enfrentar la vida, un caminar ligero, una renovada confianza en Dios.

Interludio / La Plataforma: De aquí en delante, cambiaré el estilo de redacción. Notarás una lectura en primera persona, tomando al Salmo 23 como plataforma de lanzamiento, te encontrarás orando mientras repasas las Escrituras.

Toma esto como un ejemplo sencillo que te permitirá introducirte gradualmente en La Palabra de Dios, y te guiará a nuevas experiencias con Dios a través de la lectura-oración.

No hay magia, son realidades espirituales respaldadas por Dios mismo y Su Palabra. Leer así por primera vez, quizá pueda sorprenderte o te parezca un poco extraño, sin embargo…

Leer repetidamente el Salmo 23 bajo este esquema de lectura-oración, te permitirá una comprensión espiritual creciente y, con un poco de práctica, podrás expandir la experiencia a otras porciones bíblicas que contienen componentes de ruego y oración; por ejemplo, el Padrenuestro y muchos salmos más.

Disfruta del recorrido, no vayas rápido, no hay prisa. Degústalo con calma, poco a poco, paso a paso…

---

* Nota: Algunos versículos los personalicé para que los leas en primera persona

Salmo 23

«EL SEÑOR es mi pastor;

nada me faltará.

En lugares de delicados pastos me hará descansar;

Junto a aguas de reposo me pastoreará.

Confortará mi alma;

Me guiará por sendas de justicia por amor de su nombre.

Aunque ande en valle de sombra de muerte;

No temeré mal alguno, porque tú estarás conmigo;

Tu vara y tu cayado me infundirán aliento.

Aderezas mesa delante de mí en presencia de mis angustiadores;

Unges mi cabeza con aceite;

mi copa está rebosando.

Ciertamente el bien y la misericordia me seguirán todos los días de mi vida,

Y en la casa del SEÑOR moraré por largos días». Salmo 23 RV60

13

El SEÑOR es mi pastor…

SEÑOR y Dios de los ejércitos celestiales, *Dios de Israel, que moras entre los querubines, solo tú eres Dios de todos los reinos de la tierra; tú hiciste los cielos y la tierra.* Isaías 37:16 ¿Y quién soy yo SEÑOR, para que Tú me ames?

¡Oh, Dios mío! *¡Cuán glorioso es tu nombre en toda la tierra! Has puesto tu gloria sobre los cielos; Cuando veo tus cielos, obra de tus dedos, la luna y las estrellas que tú formaste, Digo: ¿Qué es el hombre, para que tengas de él memoria, Y el hijo del hombre, ¿para que lo visites?* Salmo 8:1-4

Nada hay que te obligue a amarme, Tú y sólo Tú eres Dios, y, sin embargo, decidiste ponerme por encima del resto de Tu creación. *Me has hecho poco menor que los ángeles, y me coronaste de gloria y de honra. Me has permitido señorear sobre las obras de tus manos; Todo lo pusiste debajo de mis pies: Ovejas, bueyes y las bestias del campo, las aves de los cielos y los peces del mar; Todo cuanto pasa por los senderos del mar. ¡Oh, Señor Dios mío, ¡Cuán grande es tu nombre en toda la tierra!* Salmo 8:5-9

Abba Padre, eres dueño de todo, pues: *Tuya es, oh SEÑOR, la magnificencia y el poder, la gloria, la victoria y el honor; porque todas las cosas que están en los cielos y en la tierra son tuyas. Tuyo, oh, SEÑOR, es el reino, y tú eres excelso sobre todos. Las riquezas y la gloria proceden de ti, y tú dominas sobre todo; en tu mano está la fuerza y el poder, y en tu mano el hacer grande y el dar poder a todos.*
1 Crónicas 29:11-12

Has aumentado, oh, Dios mío, tus maravillas; Y tus pensamientos para conmigo; No es posible contarlos ante ti. Si yo anunciare y hablare de ellos, No pueden ser enumerados. Salmo 40:5

Mi Dios y Padre, hermoso es tu llamado que me dice*: «Yo te he conocido por tu nombre, y has hallado también gracia en mis ojos».*
Éxodo 33:12

14

El SEÑOR es mi pastor, nada me faltará

Cuando las preocupaciones inquietan mi corazón y vaga pensando sólo en mis problemas y necesidades, Tú Jesús mi Buen Pastor, levantas mis ojos hacia ti, y me recuerdas: *«No te preocupes por lo que has de comer o beber para vivir, ni por la ropa que necesitas para el cuerpo. ¿No vale tu vida más que la comida y tu cuerpo más que tu ropa? Mira las aves que vuelan por el aire: no siembran ni cosechan ni guardan la cosecha en graneros; sin embargo, tu Padre que está en el cielo les da de comer. ¡Y tú, vales más que las aves! En todo caso, por mucho que te preocupes, ¿cómo podrás prolongar tu vida ni siquiera una hora?»* Mateo 6:25-27DHH *

Gracias Señor Jesús por darme la oportunidad de disfrutar la vida día a día. Contigo nunca hay prisa, sólo certezas. Gracias, por recordarme lo valioso que soy para mi ABBA-Padre, quien me ama y me dio la vida. Gracias por decirme que no puedo añadir nada a lo que tú has determinado darme, y que la preocupación solo me desgasta y me enferma. Tu Espíritu me conduce a meditar en Tu Palabra; Me hace sabio y me muestra el camino de prosperidad.

Qué alegría para los que no siguen el consejo de malos, ni andan con pecadores, ni se juntan con burlones, sino que se deleitan en la ley del Señor meditando en ella día y noche. Son como árboles plantados a la orilla de un río, que siempre dan fruto en su tiempo. Sus hojas nunca se marchitan, y prosperan en todo lo que hacen. Salmo 1:1-3NTV

Gracias SEÑOR, por enseñarme el verdadero valor de la vida y no darme más de lo que necesito. Tu sabio consejo preserva mi corazón de la avaricia: *«No amontones riquezas aquí en la tierra, donde la polilla destruye y las cosas se echan a perder, y donde los ladrones entran a robar. Más bien amontona riquezas en el cielo, donde la polilla no destruye ni las cosas se echan a perder ni los ladrones entran a robar. Pues donde esté tu riqueza, allí estará también tu corazón"*. Mateo 6:19-21DHH* Líbrame de adorar a *Mammón*, el falso dios de las riquezas.

Contigo SEÑOR, nada me faltará.

15

En lugares de delicados pastos me hará descansar

Cuando mi vida se desborda en demasiadas actividades y ajetreos; y llegan el cansancio, la fatiga, el abatimiento o la confusión, encuentro hermoso escuchar de nuevo tu llamado: «*El pastor llama a cada oveja por su nombre, y las ovejas reconocen su voz; las saca del redil, y camina delante de ellas, y las ovejas lo siguen porque reconocen su voz*». Juan 10:7DHH

Perdóname Señor por prestar atención a mi propia voz, a ese diálogo interno y egoísta que me distrae con facilidad y me involucra en cosas innecesarias. Cuánto mejores son tus consejos, pues ya tienes preparado el camino para mí: «*Tus oídos oirán a tus espaldas palabra que diga: Este es el camino, anda por él; y no eches a la mano derecha, ni tampoco tuerzas a la mano izquierda*». Isaías 30:21 Y también: «*Párate en los caminos y mira, pregunta por los senderos antiguos, dónde está el mejor camino; síguelo y encontrarás descanso.*» Jeremías 6:16 «*Te aseguro: Yo soy la puerta: el que por mí entre, se salvará. Será como una oveja que entra y sale y encuentra pastos*». Juan 10:9DHH

Amado Señor Jesús, eres la puerta de salvación y el camino que conduce a mi Abba-Padre, a Su presencia maravillosa, al lugar de verdadero reposo; donde nunca falta el alimento espiritual, pues Tú mismo eres el pan del cielo.

Gracias Señor por darme *"libertad para entrar en el Lugar Santísimo por la sangre que derramaste, por el camino nuevo y vivo que abriste para mí al entregar tu cuerpo en la cruz. Gracias por ser ese gran sacerdote sobre la casa de Dios, que me invita a acercarme confiadamente al Padre con corazón sincero, en plena certidumbre de fe, con el corazón purificado de mala conciencia"*. Hebreos 10:19-22RV60

Ese lugar de reposo donde nutres mi espíritu. Tu hermosa presencia me anima y me levanta. *SEÑOR, porque estás a mi diestra, no seré conmovido. Se alegró por tanto mi corazón, y se gozó mi alma; Me muestras la senda de la vida; En tu presencia hay plenitud de gozo; Delicias a tu diestra para siempre»*. Salmo 16:2-11 RV60 Fragmentos*

16

Junto a aguas de reposo me pastoreará

Hay tiempos áridos en mi vida, el exceso de trabajo y la multitud de asuntos y problemas a veces me abruman. De pronto, las cosas parecen sinsentido.

¿Por qué estoy desanimado? ¿Por qué está tan triste mi corazón? ¿Por qué tengo que andar angustiado, oprimido por mis enemigos? Sus insultos me parten los huesos. Se burlan diciendo: «¿Dónde está ese Dios tuyo?». Ahora estoy profundamente desalentado, pero me acordaré de ti. ¡Pondré mi esperanza en Dios! Como el ciervo anhela las corrientes de las aguas, así te anhelo a ti, oh, Dios. Tengo sed de Dios, del Dios viviente. Nuevamente te alabaré, ¡mi Salvador y mi Dios! Salmo 42 fragmentos NTV

Oh, SEÑOR, tú eres mi Dios; de todo corazón te busco. Mi alma tiene sed de ti; todo mi cuerpo te anhela en esta tierra reseca y agotada donde no hay agua. Te he visto y he contemplado tu poder y tu gloria. Tu amor inagotable es mejor que la vida misma; ¡cuánto te alabo! Te alabaré mientras viva; a ti levantaré mis manos en oración. Te alabaré con cánticos de alegría. Recostado, me quedo despierto pensando y meditando en ti durante la noche.

Como eres mi ayudador, canto de alegría a la sombra de tus alas. Me aferro a ti; tu fuerte mano derecha me mantiene seguro. Salmo 63:1-8NTV

Gracias por invitarme a beber de tus aguas refrescantes: «*Si tienes sed, ven a mí y bebe. Confía en mí, y como dice la Escritura, de tu interior correrán ríos de agua viva*». Juan 7:37 * Señor, percibo Tu Espíritu habitando como un río refrescante dentro de mí. Juan 7:38

Dispongo mi alma para que tu Santo Espíritu fluya con libertad y me enseñe a gozar de la vida; Vivifica tu Palabra dentro de mi. «*Pues tú eres mi escondite; me proteges de las dificultades y me rodeas con canciones de victoria*». Salmo 32:7NTV

17

Confortará mi alma

SEÑOR, ¡qué hermoso es tu consuelo!; Cuando me siento triste y abatido, cuando me siento cansado y frustrado; cuando la vida se hace pesada; tus Palabras siempre me alientan. *«Ven a mí si estás cansado; si llevas cargas pesadas, y yo te daré descanso. Déjame enseñarte; yo soy humilde y tierno de corazón, y encontrarás descanso para tu alma. Mi yugo es fácil de llevar y la carga que te doy es liviana».* Mateo 11:28NTV *

Qué agradables son siempre tus palabras; cuando tropiezo y caigo, mis ojos siempre encuentran tu mirada de amor que me infunde ánimo; Qué hermosa es tu mirada, qué tierno es tu consuelo.

Cuando no puedo dormir por la ansiedad, tu Palabra me calma: *Quédate quieto; ¡Yo estoy por encima de las naciones! ¡Yo estoy por encima de toda la tierra!» ¡Yo, El Señor todopoderoso estoy contigo!* Salmo 46:10-12 DHH*

Tus Palabras me devuelven la paz. Cuando me irrito por las injusticias de los hombres, de los poderosos que abusan de su poder y hacen maldades; cuando se burlan de ti los hombres inicuos y violentos;

Tu palabra me recuerda: *No te enojes por causa de los malvados, ni sientas envidia de los malhechores, pues pronto se secan, como el heno; ¡se marchitan como la hierba! Confía en el Señor y haz lo bueno, vive en la tierra y mantente fiel. Ama al Señor con ternura, y él cumplirá tus deseos más profundos. Pon tu vida en las manos del Señor; confía en él, y él vendrá en tu ayuda. Guarda silencio ante el Señor; espera con paciencia a que él te ayude. No te irrites por el que triunfa en la vida, por el que hace planes malvados. Deja el enojo, abandona el furor;* Salmo 37:1-8DHH

En verdad confortas mi alma. Por eso Señor, *te bendeciré con toda mi alma; bendeciré con todo mi ser tu santo nombre. Te bendeciré Señor con toda mi alma; no olvidaré ninguno de tus beneficios. Pues Eres tú quien perdona todas mis maldades, quien sana todas mis enfermedades, quien libra mi vida del sepulcro, quien me colma de amor y ternura, quien me satisface con todo lo mejor y me rejuvenece como un águila.* Salmo 103DHH fragmentos *

18

Me guiará por sendas de justicia por amor de su nombre

Cuán injustos son mis caminos delante de ti, porque Tu SEÑOR, eres Santo, Santo, Santo. No hay recurso humano que enderece mi camino para agradarte; mis mejores obras resultan abominables a tus ojos, *pues como el resto de la gente soy un hombre impuro; mis mejores acciones son como un trapo sucio delante de ti; he caído vez, tras vez y como a hojas marchitas, mis faltas me arrastran como el viento.* Isaías 64:5-6DHH Fragmentos *

Conoces lo profundo de mi ser, las verdaderas motivaciones de mi corazón y me quedo corto, no alcanzo la medida, estoy reprobado, pues Tu palabra me enseña: *Nada hay tan engañoso y perverso como el corazón humano.* Sólo tu me conoces en verdad: *Yo, el Señor, que investigo el corazón y conozco a fondo los sentimientos; que doy a cada cual lo que se merece.* Jeremías 19:9-10DHH Y sin embargo Señor, *no me reprendes en todo tiempo; no me has dado el pago que merecen mis maldades y pecados; tan inmenso es tu amor, como inmenso es el cielo sobre la tierra. Has alejado mis pecados de mí, como el oriente del occidente. Señor eres tan tierno como un padre con sus hijos; con los que te honran.* Salmo 103DHH fragmentos *

Enviaste a Tu Hijo por mi rescate; Él vino para hacer Tu voluntad y cumplir tu Preciosa Ley. El Cordero de Dios es mi Pascua, derramó su sangre y saldó la deuda de muerte que exigía mi pecado; derramó Su sangre más preciosa que el oro y las joyas para redimir mi vida perdida. *Cristo, por medio del Espíritu eterno, se ofreció a Ti mi Dios, como un sacrificio sin mancha, y cuya sangre limpia mi conciencia de todas mis malas obras, para que ahora pueda yo servirte.* Hebreos 9:14DHH

Su camino es camino de Justicia. Tu voluntad fue cumplida y el sacrificio de Tu Hijo me ha hecho santo, una vez y para siempre. *Pues mediante esa única ofrenda, perfeccionó para siempre a los que está haciendo santos.* Hebreos 10:12-14NTV ¡Qué senda de justicia y santidad me has regalado, oh, Dios!; Señor Jesús, Tú mismo eres Mi justicia. ¿cómo no he de alabarte? Si todo lo hiciste *por amor de Tu nombre.* Salmo 106:8

19

Aunque ande en valle de sombra de muerte…

En general mi vida es bonita, sobre todo cuando la enfrento con buena actitud. Está llena de matices de colores. La naturaleza que Tu creaste me sorprende día tras día. Cada vez que observo algún fenómeno natural me encuentro con Tu Sabiduría escondida ahí. ¡Oh, Señor! podría pasarme horas pensando en tus maravillas y poderosos hechos.

Pero de pronto, eventualmente, me encuentro en los valles oscuros de la vida, esos tiempos donde la confusión, la soledad o la incertidumbre se levantan como escarpadas cordilleras a ambos lados del camino. Aparecen las sombras, se respira el olor de la muerte. Llegan las pérdidas de seres queridos; surgen los problemas financieros y los asuntos inesperados; aparecen los fantasmas de las riñas; se cuestiona mi integridad, mis motivaciones; se pone en duda mi palabra, algún amigo me traiciona. El hijo amado deja el hogar y pide su parte de la herencia sin consideración alguna. No muestra aprecio alguno por mi amor y mis deseos para su vida; ¿por qué nuestros hijos toman a veces caminos ajenos a los Tuyos? ¿por qué tuercen sus vidas de maneras innecesarias?; ¿Y qué decir de la enfermedad?, me agobia su visita, me infringe dolor y sufrimiento.

Y, ¿las traiciones conyugales?, ¿cómo surgieron?, ¿cómo fui tan descuidado? El enemigo proyecta sombras tenebrosas sobre mi alma y mis pensamientos; ni por las noches encuentro descanso, me acusa sin cesar: ¡Eres un inútil!, ¡siempre te equivocas! ¡Eres un problema para los demás! ¡Eres ignorante, tonto, pecador, infiel! ¿quién te creías que eras?

A veces estos valles son tan frecuentes, tan empinados, que me succionan, empujándome al abismo del desánimo y la depresión. ¿Por qué amado Padre ocurre esto? A veces quisiera clamar, como Jesús en Getsemaní *Padre mío, si es posible, pase de mí esta copa;* ^{Mateo 26:39} Sin embargo sé que no me puedo comparar con Él, y que tu disciplina es para mi bien.

20

…no temeré mal alguno, porqué tú estarás conmigo

¿Por qué habría de temer?; yo te pertenezco a ti, soy tu oveja y Tu eres mi SEÑOR y mi buen pastor. Aún en medio de las sombras mas tenebrosas, siempre brota tu luz; nada hay que me oculte de tu mirada vigilante, pues: *Aun las tinieblas no encubren de ti, Y la noche resplandece como el día; Lo mismo te son las tinieblas que la luz.* Salmo 139:12

Conozco tu grandeza y majestad, pues Tu Palabra me enseña acerca de ti: *YO SOY el Señor, el Dios de Israel, que te llama por tu nombre; te he llamado por tu nombre, sin que tú me conocieras. YO SOY el SEÑOR, no hay otro; fuera de mí no hay Dios. YO SOY, no hay otro. Yo creo la luz y la oscuridad, produzco el bienestar y la desgracia. YO, EL SEÑOR, hago todas estas cosas.* Isaías 45:15-19DHH *

Toda Autoridad, Grandeza, Majestad y Soberanía están contenidas en Ti: *El creador del cielo, el que es Dios y Señor, el que hizo la tierra y la formó, el que la afirmó, el que la creó, no para que estuviera vacía sino para que tuviera habitantes, dice: «Yo soy el Señor, y no hay otro. Yo no hablo en secreto ni en lugares oscuros de la tierra. Yo no digo: "Búsquenme donde no hay nada." Yo, el Señor, hablo la verdad, digo lo que es justo. Sin embargo, Señor, tú eres Dios*

invisible, Dios salvador de Israel. Todos los que hacen ídolos quedarán avergonzados, humillados y en ridículo. ^{Isaías 45:15-19DHH} * Guárdame de hacer figuras de Ti, es una abominación, es reducir tu grandeza y majestad. *Tu poder durará siempre; Tu reino permanecerá de generación en generación. Ante Ti nada son los habitantes de la tierra. Actúas según Tu voluntad, tanto en el cielo como en la tierra. No hay nadie que pueda oponerse a Tu poder ni preguntarte por qué actúas como actúas.* ^{Daniel 4:34-35DHH*}
¿Por qué entonces habría yo de temer? *La luz brilla en la oscuridad para los justos; no tienen miedo de malas noticias; confían plenamente en que el Señor los cuidará. Tienen confianza y viven sin temor,* ^{Salmo 112 NTV (fragmentos)}

+++++

21

Tu vara y tu cayado me infundirán aliento

Dios mío, tú me has puesto a prueba, ¡me purificas como a la plata! Me has hecho caer en la red; me cargaste con un gran peso. Pero me has mantenido con vida; no me has dejado caer. Salmo 66:10-11 DHH* Cuando sentí desfallecer mi corazón clamé a ti: *Ponme a salvo sobre una alta roca, pues tú eres mi refugio. ¡Eres como una torre fuerte que me libra del enemigo! Quiero vivir en tu casa para siempre, protegido debajo de tus alas.* Salmo 61:1-4DHH* *Solo en Ti Dios encuentro paz; pues mi esperanza viene de Ti. Solo Tú me salvas y me proteges. No caeré, porque Tú eres mi refugio. De Ti Dios dependen mi salvación y mi honor; Eres mi protección y mi refugio.* Salmo 62:1-2DHH* *Por las noches, acostado, te recuerdo y pienso en ti; pues tú eres quien me ayuda. ¡Soy feliz bajo tus alas! Mi vida entera está unida a ti; tu mano derecha no me suelta.* Salmo 63:6-8DHH

SEÑOR, *sea conocido en la tierra tu camino; en todas las naciones tu salvación. Que te alaben los pueblos, oh, mi Dios; Todos los pueblos te alaben. Alégrense y gócense las naciones, Porque juzgarás los pueblos con equidad, y pastorearás las naciones en la tierra. La tierra dará su fruto; Nos bendecirá Dios, el Dios nuestro.* Salmo 67:2-6

Por eso, *canto a mi Dios; canto salmos a su nombre; Exalto al que cabalga sobre los cielos. **YAH** es Tu nombre; me alegro delante de Ti. Padre de huérfanos y defensor de viudas; haces habitar en familia a los desamparados; Sacas a los cautivos a prosperidad;* Salmo 68:4-6 *Tú alegras las salidas de la mañana y de la tarde. Visitas la tierra, y la riegas; En gran manera la enriqueces con el río de tu Espíritu, lleno de aguas. Preparas nuestro grano, cuando así lo dispones. Haces que se empapen los surcos; Haces descender sus canales; Ablandas la tierra con lluvias; Bendices sus renuevos. Coronas el año con tus bienes, y tus nubes destilan grosura. Destilan sobre los pastizales del desierto, y los collados se ciñen de alegría. Se visten los llanos de manadas, y los valles se cubren de grano; Dan voces de júbilo, y aun cantan. Con tremendas cosas nos respondes tú en justicia, Oh Dios de nuestra salvación, Eres esperanza a todos los términos de la tierra y a los confines del mar;* Salmo 65: fragmentos*

22

Aderezas mesa delante de mí…

Oh, Padre, te adelantaste y me invitaste a comer, al lado de tu Hijo Jesús, mi pascua, mi salvación, quien, sentado a la mesa, me dice: —*¡Cuánto he querido celebrar contigo esta cena de Pascua! Porque no la celebraré de nuevo hasta que se cumpla en el reino de Dios. Y tomando en tus manos una copa y, habiendo dado gracias a Dios, dijiste: —Esto es mi cuerpo, entregado a muerte en favor de ustedes. Hagan esto en memoria de mí. Lo mismo hiciste con la copa, diciendo: —Esta copa es la nueva alianza confirmada con mi sangre, la cual es derramada en favor de ustedes.* Lucas 22:15-20DHH*

Desde entonces, día a día puedo disfrutar de mi amado SEÑOR Jesús, mi Buen Pastor. *La Palabra de Dios hecha hombre; El Autor de la Vida, la Luz de la humanidad; La Gracia y la Verdad; el Cordero de Dios, que quita el pecado del mundo; el que bautiza en Espíritu Santo y fuego; El Templo destruido que fue levantado en tres días; El que fue colgado en una cruz, para que todo el que cree en él tenga vida eterna; El que vino del cielo y está sobre todos; El que da testimonio de lo que ha visto y oído; El enviado por Dios, que habla las palabras de Dios; El que da abundantemente su Espíritu.*

El Hijo amado del Padre, a quien el Padre le ha dado poder sobre todas las cosas. El mesías de Israel. El que resucita a los muertos y les da vida. Aquél a quien el Padre le ha dado todo el poder de juzgar. El pan vivo que vino del cielo y es Pan de vida para mi. Aquél que me ofrece torrentes de aguas de Vida. Al Hijo del hombre, que dijo **YO SOY***; Aquel por cuyas llagas de dolor, ofrece sanidad para mi alma.*

Evangelio de Juan Fragmentos

Jesús mi salvador, cuando tropiezo y caigo y me aparto, te acercas y me invitas de nuevo: *Te aconsejo que de mí compres oro refinado en el fuego, para que seas realmente rico; y que de mí compres ropa blanca para vestirte y cubrir tu vergonzosa desnudez, y una medicina para que te la pongas en los ojos y veas. vuélvete a Dios. Mira, yo estoy llamando a la puerta; si alguien oye mi voz y abre la puerta, entraré en su casa y cenaremos juntos.* Apocalipsis 3:18-20DHH*

23

...delante de mis angustiadores

SEÑOR, como buen guardián de mi vida, me anticipas de los peligros que debo conocer y afrontar con sabiduría. Me adviertes que tengo enemigos y que debo ser cauto y vigilante. Me has dado responsabilidades que atender: *Protégete con toda la armadura que Dios te ha dado, para que puedas estar firme contra los engaños del diablo. Porque no estás luchando contra poderes humanos, sino contra malignas fuerzas espirituales del cielo, las cuales tienen mando, autoridad y dominio sobre este mundo de tinieblas.* Efesios 6:12DHH* *Que la salvación sea el casco que protege tu cabeza, usa la Palabra de Dios como la espada que te da el Espíritu. No dejes de orar:* Efesios 6:17-18DHH* *Sé prudente y mantente despierto, porque tu enemigo el diablo, como un león rugiente, anda buscando devorarte. Resístelo, firme en la fe.* 1 Pedro 5:8-9DHH *Eres humano, pero no luches como los humanos. Usa las armas poderosas de Dios, no las del mundo, para derribar las fortalezas del razonamiento humano y para destruir los argumentos falsos. Destruye todo obstáculo de arrogancia... Captura tus pensamientos rebeldes y oblígalos a obedecer a Cristo;* 2 Corintios 10:3-5NTV*

Gracias Señor por estas directrices, y te agradezco que no enfrento esta lucha yo solo; sería una carga demasiado pesada para mí. Sé que cuento contigo: *No depende del ejército, ni de la fuerza, sino de mi Espíritu, dice el Señor todopoderoso.* Zacarías 4:6DHH *No tomes venganza por ti mismo, sino deja que YO sea quien castigue; porque: «A mí me corresponde hacer justicia; yo pagaré, dice el SEÑOR.»* Romanos 12:19DHH *No me asusta ese enorme ejército que me rodea dispuesto a atacarme. ¡Levántate, Señor! ¡Sálvame, Dios mío! Tú golpearás en la cara a mis enemigos; y ¡les romperás los dientes a los malvados! Sólo Tú, Señor, eres quien salva;* Salmo 3:7-8DHH

Al final de mis días me defenderás del ángel acusador y le dirás: *«¡Que el Señor te reprenda! Pues este hombre es como un carbón encendido sacado de entre las brasas.» Y yo, vestido con ropas muy sucias, estaré de pie en Tu presencia escuchándote ordenar: Quítenle estas ropas sucias: «Mira, esto significa que he quitado tus pecados. ¡Ahora voy a hacer que te vistan de fiesta!»* Zacarías 3:2-4DHH

24

Unges mi cabeza con aceite

Tu preciosa unción es siempre bendición, preparaste a tu Hijo Jesús, el Salvador, el mesías, para ser El ungido, con Tu bendición especial. Tu Palabra dice de Él: *Eres el más hermoso de los hijos de los hombres; La gracia se derramó en tus labios; Por tanto, Dios te ha bendecido para siempre; En tu gloria sé prosperado; Tu trono, oh, Dios, es eterno y para siempre; Cetro de justicia es el cetro de tu reino. Has amado la justicia y aborrecido la maldad; Por tanto, te ungió Dios, el Dios tuyo, Con óleo de alegría más que a tus compañeros.* Salmo 45: 2-7 fragmentos

Y por su obra sublime y poderosa, tu unción y bendición me han alcanzado: *¡Cuán grandes son tus obras, oh, SEÑOR! Muy profundos son tus pensamientos. SEÑOR, para siempre eres Altísimo; Porque he aquí, perecerán tus enemigos; Serán esparcidos todos los que hacen maldad. Pero tú aumentarás mis fuerzas como las del búfalo; Seré ungido con aceite fresco.* Salmo 92:5-10 fragmentos

Me invitas a disfrutar de mis días, pues has limpiado mi vida y perdonado mi pecado: *Anda, y come tu pan con gozo, y bebe tu vino con alegre corazón; porque tus obras ya son agradables a Dios.*

En todo tiempo sean blancos tus vestidos, y nunca falte ungüento sobre tu cabeza. Goza de la vida con la mujer que amas, todos los días de la vida; porque esta es tu parte en la vida, y en tu trabajo con que te afanas debajo del sol. Todo lo que te viniere a la mano para hacer, hazlo según tus fuerzas; Eclesiastés 9:7-10

Y también SEÑOR, a disfrutar de la comunión con mis hermanos: *¡Cuán bueno y delicioso es habitar los hermanos juntos en armonía! Es como el buen óleo sobre la cabeza; Porque allí envía YAH bendición, y vida eterna.* Salmo 133:1-3 fragmentos *Puesto que Tú me has dado la unción de Tu Santo Espíritu, puedo conocerte a Ti, conocer a Jesús mi buen pastor, y entender todas las cosas.* 1 Juan 2:20

Ahora, con libertad puedo cantar: *//Me has ungido a mi, con óleo de gozo, me has dado un manto de alegría, una corona en vez de cenizas y gloria en lugar de aflicción//* Cántico tomado y adaptado del salmo 92

25

Mi copa está rebosando

Sólo Tu oh, Dios, eres verdadero bálsamo que sana toda herida, sólo Tú eres la fuente que sacia toda necesidad, sólo Tú SEÑOR puedes dar verdadera satisfacción a todo deseo. *¿A quién tengo yo en los cielos sino a ti? Y fuera de ti nada deseo en la tierra. Mi carne y mi corazón desfallecen; Mas la roca de mi corazón y mi porción es Dios para siempre.* Salmo 73:25-26 *¡Cuán dulces son a mi paladar tus palabras! Más que la miel a mi boca;* Salmo 119:103

Mejores son tus amores que el vino. A más del olor de tus suaves ungüentos, Tu nombre es como ungüento derramado; Cantares 1:2-3 *La gente siempre sirve el mejor vino primero, y una vez que todos han bebido bastante, comienzan a ofrecer vino barato. ¡Pero Tú has guardado el mejor vino, tu sangre bendita para esta hora!».* Juan 2:10

Te amo al Señor porque siempre escuchas mi voz y mi oración; inclinas Tu oído para escuchar mi clamor, por eso ¡oraré mientras tenga aliento! Cuando la muerte me envolvió en sus cuerdas; cuando lo único que veía era dificultad y dolor; invoqué Tu nombre Señor: «¡Señor, por favor, sálvame!». ¡Qué bondadoso eres Señor! ¡Qué bueno y misericordioso, Dios mío!;

Mi alma descansa nuevamente, porque has sido bueno conmigo. Quitaste las lágrimas de mis ojos, y libraste mis pies de tropezar. Levantaré la copa de mi la salvación y alabaré Tu nombre por siempre. Me mantienes a salvo, oh, Dios, porque a ti he acudido en busca de refugio. «¡Tú eres mi dueño! Todo lo bueno que tengo proviene de ti». A quienes adoran otros dioses se les multiplican los problemas. No participaré en sus sacrificios; ni siquiera mencionaré los nombres de sus dioses. Señor, solo tú eres mi herencia, mi copa de bendición; ¡qué maravillosa es mi herencia! Te bendeciré Señor, porque me guías; aun de noche mi corazón me enseña. Sé que siempre estás conmigo. Sé que no dejarás mi alma entre los muertos. Me mostrarás el camino de la vida; me concederás la alegría de tu presencia y el placer de vivir contigo para siempre. _{Salmo 116:1-13}
fragmentos*

26

Ciertamente el bien y la misericordia me seguirán todos los días de mi vida…

¿Cómo no habría de confiar plenamente en Ti? Oh, Dios misericordioso y eterno. Mi espíritu estimula mi alma para bendecirte y alabarte sin cesar: *Bendice alma mía al SEÑOR, Y bendiga todo mi ser su santo nombre. ¡Bendice alma mía a JAH! Y no olvides ninguno de sus beneficios. Él es quien perdona todas tus iniquidades, El que sana todas tus dolencias; El que rescata del hoyo tu vida, El que te corona de favores y misericordias; El que sacia de bien tu boca, de modo que te rejuvenezcas como el águila. El SEÑOR es el que hace justicia y derecho a todos los que padecen violencia. Misericordioso y clemente es SEÑOR; Lento para la ira, y grande en misericordia. No contenderá para siempre; Ni para siempre guardará el enojo. No ha hecho contigo conforme a tus iniquidades; Ni te ha pagado conforme a tus pecados. Porque como la altura de los cielos sobre la tierra; Engrandeció su misericordia sobre ti. Cuanto está lejos el oriente del occidente; Hizo alejar de tu vida tus rebeliones. Como el padre se compadece de los hijos, así se compadece el Señor de ti. Porque él conoce mi condición;*

Se acuerda de que solo soy polvo. Que mis días son como la hierba; Que florece como flor del campo, pero pasa el viento y perece. Mas la misericordia del SEÑOR es desde la eternidad y hasta la eternidad sobre los que le temen; Y su justicia sobre los hijos de los hijos; JAH estableció en los cielos su trono, Y su reino domina sobre todos. Bendice, alma mía, al SEÑOR. Salmo 103:1-22 fragmentos * *En tu misericordia yo he confiado; Mi corazón se alegrará en tu salvación. Cantaré al SEÑOR, porque me ha hecho bien.* Salmo 13:5

Eres la roca de mi protección, la fortaleza donde estoy a salvo. Tú eres mi roca y mi fortaleza; Solo en ti encuentro protección. Me gozaré y me alegraré en tu amor inagotable, porque has visto mis dificultades y te preocupas por la angustia de mi alma. No me entregaste a mis enemigos, sino que me pusiste en un lugar seguro. Encomiendo mi espíritu en tu mano; Salmo 31NTV fragmentos * *En tus manos están mis tiempos…* Salmo 31:15

27

Y en la casa del SEÑOR moraré por largos días.

¡Cuánta seguridad encuentro en Tus promesas! ¡Cuánto amor en Tus Palabras! Por eso SEÑOR *Encomiendo mi espíritu en tu mano; En tus manos están mis tiempos…* Salmo 31:15 *¡Cuán amables son tus moradas, oh, SEÑOR de los ejércitos! Anhela mi alma y aun ardientemente desea los atrios del SEÑOR; Mi corazón y mi carne cantan al Dios vivo. Aun el gorrión halla casa, Y la golondrina nido para sí, donde ponga sus polluelos, Cerca de tus altares, oh, SEÑOR de los ejércitos.*

Rey mío, y Dios mío. Bienaventurados los que habitan en tu casa; Perpetuamente te alabarán. Selah** Significa: medita antes de continuar la lectura

Bienaventurado soy cuando pongo mis fuerzas en ti; En mi corazón están tus caminos. Cuando atravieso el valle de lágrimas, Tú lo cambias en fuente; Tu lluvia llena mis estanques. Iré de poder en poder; veré a Dios en Sion (el lugar de la alabanza). Dios de los ejércitos, oye mi oración; Escucha, oh, Dios de Israel. Selah**

Dios mío, mejor es un día en tus atrios que mil fuera de ellos. Escogería antes estar a la puerta de la casa de mi Dios, que habitar en las moradas de maldad; Porque sol y escudo eres Tú SEÑOR mi Dios; Gracia y gloria puedo esperar de Tu mano.

No quitarás el bien a los que andan en integridad. SEÑOR de los ejércitos, Dichoso el hombre que en ti confía. Salmo 84 / Selah.

¡Cuánta seguridad hallo en Tus promesas! ¡Cuánto amor encuentro en Tus Palabras! Que me aseguran: *Nunca te fallaré. Jamás te abandonaré. Escucha al Señor, quien te creó, el que te formó dice: «No tengas miedo, porque he pagado tu rescate; te he llamado por tu nombre; eres mío. Cuando pases por aguas profundas, yo estaré contigo. Cuando pases por ríos de dificultad, no te ahogarás. Cuando pases por el fuego de la opresión, no te quemarás; Pues yo soy el Señor, tu Dios, el Santo de Israel, tu Salvador. Eres muy precioso para mí y te amo. No tengas miedo, porque yo estoy contigo. Te reuniré a ti y a tus hijos del oriente y del occidente. Les diré al norte y al sur: "Traigan a mis hijos e hijas de regreso; Traigan a todo el que me reconoce como su Dios, porque yo los he creado para mi gloria. Fui yo quien los formé"».* Isaías 43 NTV fragmentos

I want morebooks!

Buy your books fast and straightforward online - at one of world's fastest growing online book stores! Environmentally sound due to Print-on-Demand technologies.

Buy your books online at
www.morebooks.shop

¡Compre sus libros rápido y directo en internet, en una de las librerías en línea con mayor crecimiento en el mundo! Producción que protege el medio ambiente a través de las tecnologías de impresión bajo demanda.

Compre sus libros online en
www.morebooks.shop